AF586951

CONFÉRENCES D'ÉLISORA,

PUBLIÉES

PAR SON MARI.

Première Conférence. et unique

Après la foi,
le doute;

Après le doute,
l'examen;

Après l'examen,
l'incrédulité.

L'homme doit se bien conduire, non par l'espoir d'une récompense, ou la crainte d'une punition, soit sur cette terre, soit dans une autre vie; l'homme doit se bien conduire par la seule raison que son devoir le lui ordonne.
(2e *Conférence.*)

PARIS,

IMPRIMERIE DE GUIRAUDET ET CH. JOUAUST,

RUE SAINT-HONORÉ, 315.

1837.

INTRODUCTION.

Depuis l'époque où je me suis arrêté en esquissant la vie d'Élisora, il ne lui est survenu aucun événement assez intéressant pour mériter d'être raconté. Entièrement livrée à l'éducation de son fils, et à l'étude de la morale, elle a passé ses jours dans un calme malheureusement inconnu aux hommes de ce siècle.

Mais elle a cru de son devoir de ne pas profiter seule du fruit de ses études philosophiques; elle a voulu parler, si ce n'est à la postérité, au moins à ses contemporains.

Je ne dirai donc plus rien de sa vie; c'est *sa parole* que je vais proclamer.

Un jour de printemps, Elisora se promenait dans ses jardins, entourée de sa société intime. Elle était pensive; elle paraissait absorbée dans des méditations profondes, et, par discrétion, nous nous étions éloignés insensiblement pour éviter de la distraire de ses pensées. Elle s'en aperçoit, et, nous rappelant auprès d'elle, nous parle ainsi :

« Oui, mes amis, je suis fortement préoc-

» cupée ; je songe au passé, au présent, à l'avenir. A l'époque où les autels des dieux du paganisme s'écroulaient de toute part, du monceau de leurs décombres un autel unique a surgi, fanal nouveau, allumé pour éclairer, rallier, guider les peuples désabusés de leurs anciennes croyances.

» O vanité des ouvrages de l'homme! Cet autel, à son tour, chancelle ; il succombe sous le poids de dix-huit siècles ; ses ministres se débattent vainement contre leur destinée : ils ne peuvent lui échapper... ; *leur règne expire.* »

Après quelques instants de silence, elle ajoute :

« Et plus j'y réfléchis, plus je reconnais qu'il faut renoncer à l'idée de fonder un autre culte. Si une religion *nouvelle* et *progressive* était possible et *nécessaire*, *Élisora saurait bien la créer.* Mais ce n'est pas dans un siècle *positif* qu'il faut prétendre à un langage *surhumain.*

» Voilà donc un guide épuisé de vieillesse, un guide désormais impuissant pour veiller à la conduite des hommes... ! Qu'ils ne craignent pas d'en manquer ! Les mor

» listes sont là pour les entretenir dans la » connaissance de leurs devoirs. Moralistes! » c'est à vous qu'il appartient maintenant de » prendre les rênes de la société.

» Est-il besoin du secours d'un caractère » religieux pour tenir aux hommes un lan- » gage sévère ?

» Est-il besoin d'être prêtre pour parler » aux grands avec un ton d'autorité qui fou- » droie leur orgueil ? pour enseigner le mé- » pris des richesses, des honneurs, des di- » gnités, et autres vanités sans pouvoir pour » le bonheur de l'homme? La raison, simple, » calme, mais si pressante de logique, suffit » seule à ces grandes leçons. On peut refu- » ser de l'entendre; mais en triompher, non : » cette puissance est invincible. Moralistes! » vous êtes ses ministres : parlez, dictez ses » lois, obligez les peuples à l'écouter. »

Cet appel a été compris. Après avoir élu pour chef Élisora elle-même, nous avons formé sous le nom d'*Élisoristes* une association de philosophes, implacables ennemis de tous les préjugés, *quel que soit le manteau dont ils se couvrent*, et de philanthropes dévoués exclusivement au bonheur du genre humain. Nous nous sommes dispersés, munis de communes instructions, à travers la France, missionnaires nouveaux, sans étendard et sans gages, pour démontrer aux hommes *la véritable cause* de leurs maux, pour leur indiquer les remèdes *véritablement efficaces* contre ces maux.

Élisora, dont je ne me suis séparé que le moins possible, a commencé ses instructions par la ville de ***. La foule accourue pour l'écouter se réunissait dans une prairie voisine, et là, au pied d'un chêne séculaire, Élisora a prononcé ses premiers discours, que j'ai recueillis avec soin, dont je puis garantir l'exactitude.

Puissent ses paroles être entendues ! Puissent les hommes revenir enfin aux principes rigoureux d'une morale austère, qui seule peut cicatriser leurs plaies, qui seule peut mettre un terme aux tourmentes dont les secousses ébranlent la société bientôt depuis un demi-siècle. Peuples ! n'avez vous donc pas enfin besoin de repos ?

Nota. Ces conférences seront suivies des statuts, du code de la loi des Élisoristes. Qu'on s'y prépare. cette loi est sévère.

PREMIÈRE CONFÉRENCE.

Assistants ! si, parmi vous, quelques-uns *croient encore*, qu'ils se retirent. Je ne veux parler qu'à ceux qui *doutent*. Personne ne s'éloigne ? je vais parler.

Que peuvent les efforts de l'homme contre la colère des éléments ? A peine le sentiment de son bien-être lui avait-il inspiré la pensée de s'abriter sous des chaumières, de sillonner la terre pour la couvrir de moissons..., aussitôt les vents ont renversé ses chaumières, les orages ont ravagé ses moissons.

Et l'homme, intimidé, a levé les mains vers le ciel, en implorant la commisération des destructeurs de ses travaux. L'homme a adressé de ferventes prières aux éléments ; il leur a envoyé la vapeur des parfums, des aromates... : les vents ont continué de renverser ses chaumières, les orages ont continué de ravager ses moissons.

Et l'homme a dit : « Les éléments ne sont » pas les maîtres ; ils sont soumis à une in» fluence supérieure. Qui l'exerce? Le soleil. » Et c'est vers cet astre qu'il a dirigé ses vœux et son encens ; c'est à lui qu'il a présenté ses offrandes ; c'est à lui qu'il a sacrifié de nombreuses victimes..., des victimes humaines souvent ! Et dans son délire, l'homme a élevé à grands frais ces lourdes et orgueilleuses pyramides, destinées à servir, chaque année, pendant quelques secondes, de trépied au flambeau du jour (1).

Soins, travaux, crimes superflus : les calamités que l'homme croyait repousser se sont jouées de ses efforts impuissants, et n'ont pas cessé de l'accabler *sans s'en apercevoir.*

Et l'homme a dit : « Le soleil lui-même » n'est pas le maître ; il n'est qu'un corps » passif soumis à une puissance mystérieuse, » maîtresse silencieuse de sa course comme » de tous les mouvements de l'immense ma» chine de l'univers. »

Et l'homme ayant ainsi *continué d'égarer*

(1) Voir à la page 23.

sa raison, le soleil s'est vu négliger, dédaigner; le soleil a été remplacé dans les adorations de l'homme par une nouvelle idole, pour qui se sont élancées légèrement dans les airs les flèches de temples sveltes et majestueux... (1). Le soleil a suivi sa route, et le trouble des éléments ne s'est point apaisé.

Et l'homme a dit : « Ce sont nos fautes » qui nous rendent contraire la Puissance, » dédaigneuse de notre encens. Humilions-» nous. » Et il s'est humilié. Et il a conjuré *sa Puissance mystérieuse* de le rendre meilleur; mais il n'a pas travaillé lui-même à son amélioration, il s'est confié au pouvoir de ses prières; et sa corruption, toujours croissante, au ravage des tempêtes a joint les maux du désordre social; l'espèce humaine s'est dégradée au niveau des plus abjectes créatures. Oui, je le dis sans détour, vous en êtes là. Et vous le comprenez, car, dans votre découragement, votre désespoir, je vous entends vous écrier : « Nous avons tout

(1) Voir page 31.

» épuisé ! Sur qui nous appuyer désormais ?
» A qui donc recourir ? »

A qui recourir ? A vous. Quelque divinité que vous imploriez, peut-elle de vos mauvaises institutions faire jaillir la source de votre tranquillité, de votre prospérité, de votre bonheur ? Peut-elle empêcher que l'infection de vos mœurs décompose les liens de vos familles ? Elle serait indigne de vos hommages, et ne mériterait que vos mépris, si du mal elle faisait naître le bien.

Et que vois-je partout autre chose que du mal ?

Maîtres ! qui vous plaignez de l'improbité et du dérèglement de vos serviteurs, quels exemples leur donnez-vous ? S'ils devinent vos actions, quelles turpitudes ils découvrent ! Si vous êtes obligés de les prendre pour confidents, de quels secrets honteux vous les rendez dépositaires ! Et vous vous étonnez qu'ils vous méprisent ! Malheureusement ils méprisent aussi les vertus que vous délaissez. Mais si j'ai le droit de les en blâmer, vous avez perdu le droit d'en murmurer. Souffrez du mal que vous avez fait ; souffrez-en, c'est justice.

Et vous, pères et mères de famille! ignorez-vous que les enfants sont clairvoyants? A quel titre hasarderez-vous de reprocher à vos fils de délaisser inhumainement leurs femmes, au mépris de leurs serments; à vos filles, de trahir impudemment leurs maris, si les uns et les autres peuvent interrompre subitement vos censures en vous déconcertant par un regard bien instruit du passé?

Et vous, grands seigneurs! hommes titrés! hommes décorés! sont-ce des vertus qui vous ont conduits, vous soutiennent aux postes que vous occupez? Est-ce à des vertus que vous devez les distinctions dont vous êtes si fiers? Non! Ne craignez pas que votre éclat d'emprunt m'impose ou m'abuse! Élisora sait par quels sentiers fangeux on rampe jusqu'aux honneurs; elle le sait, c'est dire: *Élisora les méprise;* c'est dire: *Peuples, méprisez-les.*

Et vous, rois, empereurs, autocrates! n'êtes-vous pas responsables des scandales enregistrés pour votre honte et votre punition sur les tablettes de l'histoire inflexible? N'avez-vous pas à rendre compte du sang [illegible] tant de fois par vos ordres pour satisfaire votre ambition, vos caprices, vos haines, vos vengeances? Ah! vous méprisez les hommes, pour les avoir jugés d'après les êtres qui vous approchent. Détrompez-vous, rois! vous êtes toujours entourés de courtisans, vous n'êtes pas toujours entourés d'hommes.

Et vous, prêtres, sourdement irrités de votre isolement; prêtres, dont la voix mourante erre languissamment autour de vos autels sans trouver d'échos; prêtres, répondriez-vous de ne pas être immolés les premiers, si, au milieu de vos pompeuses cérémonies, vos temples, indignés, faisaient pleuvoir des éclats de leurs voûtes, pour écraser les êtres impurs qui les profanent de leur présence?

Hélas! de quelque côté que je porte mes regards, je ne vois que bassesse, que cupidité, que trahison, que perfidie, que parjure... Et vous voudriez être heureux! Consultez vos consciences, et répondez-moi : le méritez vous?

Cependant, qu'ils se taisent les hommes superficiels sans cesse redisant que l'humanité est ainsi faite, et que pour la corriger, l'améliorer, la purifier, tout effort resterait sans succès. Hommes superficiels, taisez-vous.

Oui, l'homme renferme en lui les germes de tous les vices; mais il renferme en lui les germes de toutes les vertus. Travailler à étouffer les premiers, à féconder les dernières, voilà ce que vous devez faire, voilà ce qu'on a déjà fait.

Car, enfin, quelle vertu n'a pas brillé sur la terre? L'amitié, la fidélité conjugale, la tendresse filiale; le dévoûment à ses proches, à la patrie, à l'humanité; la probité dans la vie privée, l'intégrité et le désintéressement dans les fonctions publiques, le courage dans le malheur, la modestie dans la prospérité : oui, de toutes les vertus l'antiquité et des temps plus modernes vous offrent les plus purs modèles, et vous les admirez... Pourquoi ne pas les imiter? Pourquoi ne pas vous rendre dignes de servir aussi d'exemple à vos arrière-neveux, plutôt que de leur léguer l'humiliation de ne pouvoir parler de leurs ancêtres sans rougir.

Mais non, ils vous rendront justice comme je le fais moi-même dès aujourd'hui. La postérité vous plaindra de n'avoir reçu de vos aïeux que le triste héritage de tous les vices ; elle vous tiendra compte de vos efforts pour vous soustraire à leur influence empestée. Et, ces efforts, vous les soutiendrez tant qu'ils n'auront pas été couronnés d'un succès complet : j'en ai pour garant votre empressement à m'entourer dans ces lieux, où je n'ai provoqué votre présence que seule, sans cortége, sans spectacle, sans cérémonie, sans culte.

Je redis *sans culte*. En me présentant pour vous instruire, je ne commence pas par vous tromper. Je ne m'annonce ni comme une créature surnaturelle, ni comme inspirée par un être supérieur à l'homme. Je ne suis qu'une mortelle, et je n'invoque à mon secours que la raison humaine. Elle me suffira.

Oui, je ne suis qu'une mortelle. Un jour, bientôt peut-être, je cesserai d'attendre le lever du soleil; il sera sans lumière, sans chaleur pour moi ; je ne sentirai plus les caresses de ses rayons. Heureuse au moins si, en disparaissant de la surface de la terre, j'y laisse d'autres traces que l'empreinte éphémère de mes pas, si je quitte les hommes meilleurs par mes conseils que je ne les ai trouvés.

Tel fut, jusqu'à ce jour, le but de mes méditations; tel sera le but de mes travaux. Accomplirai-je ma tâche? Je l'ignore, je ne le crois pas. Mais vous tous qui m'entendez, vous n'oublierez pas que j'ai donné l'exemple; que, la première, j'ai pris la parole *sans ménagement*, sous la voûte du ciel, non dans une enceinte de pierres, pour vous annoncer la vérité sans alliage; pour écraser les abus, les vices qui vous rongent; pour dissiper les erreurs qui plongent votre raison dans les ténèbres; pour faire évanouir par ma clarté les illusions dont on éblouit vos yeux, afin de vous conduire en aveugles; pour fonder une barrière insurmontable entre vous et les *prestidigitateurs* surannés et corrompus qui s'alimentent, avec des sourires dédaigneux, de votre enfantine crédulité; pour vous rappeler enfin qu'*habitants de la terre, c'est de la terre que vous devez, par votre travail, réclamer le bien-être de votre existence.*

Et, si ces prestidigitateurs osaient tenter de parler devant moi, je leur dirais : « Vous » prétendez que la femme, trompée par le » serpent, a voué le genre humain au génie » du mal ! Eh bien ! la femme, éclairée par » la raison, vient réparer sa faute. Disper- » sez-vous. »

Non, vous n'oublierez pas cette réponse. Vous parlerez d'Élisora, vous ou vos enfants, long-temps encore après qu'elle aura fait ses adieux à la nature.

En attendant, retournez à vos travaux, retournez à vos plaisirs : je ne les défends pas, je n'en condamne que l'abus. Rentrez dans le sein de vos familles : c'est là que vous devez chercher le bonheur.

Mais, en vous éloignant de ces lieux, avant de franchir le seuil de vos demeures, pour vous rendre dignes de reparaître devant moi, oubliez vos dissensions, vos inimitiés; pardonnez à qui vous a fait du mal; pressez dans vos bras qui vous avez offensé : je vous l'ordonne. Pourriez vous être heureux avec de la haine dans le cœur ?

Allez, méditez ce que je vous ai dit aujourd'hui ; allez en paix. Vous me retrouverez ici à la même heure, dans huit jours.

Allez, et méditez.

FIN DE LA PREMIÈRE CONFÉRENCE.

CONVERSATIONS.

AVERTISSEMENT.

Pour Élisora, les meilleurs écrits, comme les meilleurs discours, ne sont pas ceux qui disent le plus, mais ceux qui entraînent le plus le lecteur ou l'auditeur à la méditation. Aussi, dans ses conférences, n'a-t-elle jamais voulu épuiser son sujet; elle s'est attachée seulement à présenter des masses de pensées, abandonnant le soin des développements aux hommes disposés à réfléchir. Dans son système, elle disait assez pour eux dans le moment; de plus longues phrases lui auraient paru sans utilité pour les autres.

Toutefois, elle se plaisait à encourager par des explications particulières quiconque, en lui adressant des questions bien raisonnées, prouvait le désir et la capacité de s'instruire; et, afin de ne pas revenir sur les mêmes sujets, elle réunissait dans un emplacement moins vaste que pour ses conférences ceux de ses auditeurs qui lui avaient soumis leurs réflexions, leurs doutes.

J'ai négligé de rappeler un grand nombre de ces conversations, mais j'ai jugé utile de rassembler celles qui portaient sur les points les plus importants, et de les publier en même temps que chacune des conférences qui y avait donné lieu. Les conversations suivantes sont les seules qu'ait amenées la première conférence.

PREMIERE CONVERSATION.

. . Et dans son délire l'homme a élevé à grands frais ces lourdes et orgueilleuses pyramides destinées à servir, chaque année, pendant quelques secondes, de trépied au flambeau du jour. (Page 8.)

J'ai adopté ici l'opinion de plusieurs savants, qui supposent que les pyramides d'Égypte n'étaient pas des tombeaux de rois, mais des monuments astronomiques chargés d'indiquer l'instant précis de l'arrivée du soleil au point le plus élevé de sa course, instant fugitif, où il planait en présence du peuple solennellement assemblé, où il plane aujourd'hui solitaire, sur leur cime, leur plate-forme, sans faire projeter d'ombre d'aucun côté.

Telle est la circonstance rappelée par les prêtres catholiques au moment de *l'élévation du Saint-Sacremeut*. Car, ne vous y méprenez pas, leurs cérémonies ne sont que des tableaux en miniature de la révolution annuelle du soleil.

Le 25 décembre il naît, et les temples retentissent de chants d'allégresse. Pourtant, faible comme un enfant qu'on vient de mettre au monde, encore embarrassé de ses langes, que peut-il contre un ennemi dédaigneux de sa faiblesse, et maître de répandre, sans résistance, sur la terre attristée, le poison glacé de ses dents venimeuses? L'enfant est vaincu!.. Mais elles coûtent cher souvent, les victoires! A l'équinoxe du printemps, il a grandi, et son courage s'accroît avec ses forces; il s'essaie contre son adversaire, contraint déjà par la chaleur humide de la terre à se replier vers les régions toujours glacées; il l'y emprisonne, et se présente radieux pour consoler les habitants de la terre des maux d'un règne désastreux.

Il rend aux hommes le bonheur dont ils n'osaient espérer le retour; il les rappelle aux travaux des champs, couve de ses rayons les épis de leurs sillons, les fruits de leurs vergers, pour les faire mûrir, comme la fauvette attentive, par la chaleur de ses ailes, fait éclore ses petits.

Enfin sa mission s'accomplit, ses forces s'épuisent, tandis que celles de son antagoniste se sont renouvelées; il se retrouve en sa présence, succombe à son tour, *expire*, et les hommes et la terre s'enveloppent d'un manteau de deuil.

Cependant il ne tarde pas à réparer sa défaite; il renaît de ses cendres, *il ressuscite*, pour reparaître dans tout son éclat, après avoir secoué la poussière de son tombeau, *après avoir dissipé les frimas, les ténèbres de l'hiver.*

C'était alors que, dans les mystères mythriaques, les prêtres prononçaient ces mots solennels : « Rassurez-vous, troupe sacrée » d'initiés, votre dieu est ressuscité, ses » peines et ses souffrances vont faire votre » salut. » Paroles que les prêtres chrétiens répètent à leur fête de Pâques : « Le Sei» gneur est ressuscité du tombeau, lui qui » a été attaché pour nous à l'arbre de la » croix. »

Oui, les ministres chrétiens ne sont que

des prêtres du soleil, comme les Péruviens, qu'ils ont massacrés. Ne perdons pas de temps à en dérouler toutes les preuves ; j'en citerai une seule, non la plus concluante, mais la moins connue.

Dans la langue sanskrite, *agni* signifie le feu, et, par suite, est devenu le nom du soleil, source de la chaleur qui anime la portion de l'univers soumise à sa domination créatrice; ce qui sera encore vrai s'il n'est pas une masse embrasée, mais un foyer d'électricité, comme on l'a soupçonné récemment.

Et le feu ayant, dès les temps les plus reculés, servi de symbole *à la pureté*, *à l'innocence*, *agni* a été employé avec cette intention dans la composition de plusieurs mots des langues modernes. J'en indiquerai seulement quelques exemples : en grec, *αγνος* chaste, pur ; en latin, *agnus*, agneau, et *ignis*, feu, qui est bien évidemment le mot *agni* lui-même ; en anglais, *agnition*, aveu, confession : en effet, l'aveu d'une faute l'efface, la fait pardonner, oublier ; *purifie, rappelle à l'innocence* celui qui s'en est rendu coupable ; enfin, en français, *igné*, *agnès*, *agneau.*

Voilà l'origine *ignée* de *l'agneau pascal* des juifs, et de *l'agneau sans tache*, unique emblème du dieu des chrétiens jusqu'au sixième siècle, où ils lui ont substitué une victime humaine attachée à une croix (1).

(1) BIACUR. J'ai dit que *Bramma*, l'Être suprême, voulant instruire les hommes, s'était incarné et avait paru parmi eux, sous le nom de *Kopilo*... Je vais vous raconter en abrégé son histoire. Ce *Kopilo* fut bramme de naissance ; il eut pour père le pénitent *Kordomo*, et pour mère *Debohuti*.. ; elle était stérile, et ce fut là pour elle le sujet d'une vive douleur. « C'est en vain que je suis dans le monde, s'écriait-elle en » pleurs, puisque j'y reste stérile et que je n'ai pas conçu. » Son mari, sensible à ses peines, attendait avec impatience le moment où il les verrait finir. Ce moment arriva enfin, et, dans les transports de sa joie, il fut lui en porter la nouvelle, et lui dit : « Il est temps *Debohuti* de faire tarir la source de » vos larmes : je viens vous apporter une nouvelle qui doit » vous combler de joie. L'Être suprême, le Dieu de l'univers, » veut naître parmi les hommes, et c'est dans votre sein qu'il » doit prendre naissance. »

Peu de jours après, la prédiction fut accomplie. *Debohuti* devint enceinte, et eut pour fils *Kopilo*. Les dieux célébrèrent sa naissance par des danses et des chants d'allégresse. Les pénitents vinrent en faire compliment au père et à la mère... Ce Kopilo ne fit pas un long séjour sur la terre ; il enseigna aux hommes la science appelée *Chorkio*, et mourut.

CHUMONTOU. J'ai beau t'enseigner et t'instruire, je n'y gagne rien. Comment faut-il donc que je m'y prenne pour t'éclairer et te détromper ? S'il est vrai que *Bramma* soit né sur la terre, pourquoi donc porte-t il le nom d'*Éternel* ?...... Le Dieu qui est pur esprit de sa nature se serait-il abaissé jusqu'à s'incarner dans le sein d'une femme, pour s'y revêtir d'une figure humaine... As-tu donc tout à fait perdu l'esprit ? Ce qu'il y a d'étrange et de surprenant, c'est que les peuples

La première figure, outre qu'elle inspirait moins de tristesse, était plus significative, rappelant qu'à la naissance de la religion chrétienne, le soleil entrait dans le signe du bélier ou agneau, à l'équinoxe du printemps, où les chrétiens célèbrent une des plus importantes de leurs fêtes, la Pâque, c'est-à-dire *le triomphe du régénérateur du monde.*

Ainsi, en remontant de nos jours aux siècles les plus profondément ensevelis dans l'obscurité de l'histoire, que signifient, pour quiconque s'est dépouillé, *purifié* des préjugés de son enfance, que signifient pour lui les cérémonies religieuses? le culte du soleil, dans sa pureté d'abord, ensuite plus ou moins dénaturé, plus ou moins *déguisé?*

A quoi cela sert-il? Que lui importent des vœux, des hymnes, de l'encens? Augmentera-t-il pour nous sa chaleur? Nous donnera-t-il de plus longs, de plus beaux jours? Cessera-t-il de nous entraîner à travers l'immensité

le croient sur parole, et se donnent à de pareilles rêveries. (*L'Ezour vedam*, liv. 2, chap. 1er; et liv. 3, chap. 1er.)

Deux mille ans se sont écoulés depuis que ces lignes ont été écrites, et elles sont encore opportunes aujourd'hui. Que les erreurs sont difficiles à déraciner! Que la raison de l'homme est lente à mûrir! (*Note d'Élisora.*)

où la terre aura tôt ou tard à franchir des régions brûlantes, des régions glacées, qui la rendront un désert ?

Non : la destinée des globes qui roulent dans l'espace doit s'accomplir. Tous ont commencé, tous finiront, et serviront, décomposés, d'aliment au développement de nouveaux mondes qui, forts de leur jeunesse, donneront naissance à des êtres gigantesques tels que ceux dont nous découvrons de curieux, d'instructifs débris, dans les décombres de la terre.

Qu'est-il l'homme au milieu de ces grands mouvements ? Pas même un grain de blé sous la meule. Que pourrait sa faible voix quand le bruit des volcans en courroux s'amortit sous les premières couches de l'atmosphère ? Elle ne peut rien ! Écoutez !

LE BONHEUR, L'INFORTUNE, LE TEMPS.

Le Bonheur. Arrêtez ! ralentissez au moins votre course !

L'Infortune. Précipitez-la, au contraire !

Le Bonheur. Prolongez ma joie.

L'Infortune. Abrégez mes tourments.

Le Bonheur. Les jours de plaisir sont si courts!

L'Infortune. Les heures de souffrances sont si longues! Mais l'inexorable méprise nos prières. Allez donc profiter des moments fortunés qu'il vous accorde; éloignez-vous de moi: la présence d'un être satisfait rend plus cuisantes les blessures de mon cœur.

Le Temps, *poursuivant lourdement sa marche.* Les insensés! croient-ils que je les écoute? Suis-je soumis à leurs volontés, à leurs caprices? Et, quand je voudrais y obéir, comment exaucer tant de vœux contradictoires? Pourrais-je, *dans le même instant*, et *par la même impulsion, avancer, m'arrêter, reculer*?

Je ne recule ni ne m'arrête jamais. J'avance toujours, engloutissant, avec une égale indifférence, dans le néant, les larmes et les sourires de l'homme. J'avance toujours, effaçant indistinctement sous mes pas les générations heureuses, comme les générations accablées de calamités.

Qu'il ne me parle donc jamais, l'homme: je ne m'occupe pas de lui.

DEUXIEME CONVERSATION.

. . Et pour cette nouvelle ido'e se sont élancées légèrement dans les airs les flèches de temples sveltes et majestueux. (Page 9.)

Si l'on pouvait encore douter de la chute prochaine de la religion chrétienne, l'abandon de l'architecture sarrazine dans la construction des temples modernes suffirait pour dissiper toute incertitude. Je n'ai pas à m'occuper des intérêts de cette religion, à laquelle je suis entièrement étrangère : ce ne sera donc que sous le rapport de l'art que je répondrai à quelques unes de vos observations.

Tout doit être en harmonie dans une institution habilement combinée, et il faut bien se garder d'en attaquer la moindre partie, dans la crainte d'ébranler la solidité du tout et de préparer sa ruine.

Appliquons cette réflexion générale à la religion chrétienne.

Elle est essentiellement spiritualiste ; elle considère comme sans importance l'existence de l'homme sur la terre ; elle dédaigne de s'occuper de son bien-être dans la vie présente, et ne prétend travailler qu'à préparer son bonheur pour un autre monde. Ce système est précisément la contre-partie de mes principes ; mais je l'adopte en ce moment pour raisonner dans le sens de ses partisans.

Eh bien, si les cérémonies chrétiennes n'ont pas lieu sous la voûte même du ciel, il faut que la structure des temples où on les emprisonne fasse oublier qu'on est dans un lieu clos ; il faut qu'ils soient disposés de manière à figurer à l'homme l'élévation de ce ciel vers lequel il semblerait vouloir bondir dès ce moment, et à lui rappeler sa petitesse comparativement à l'immensité de l'univers. Telles sont les conditions que remplit l'architecture abandonnée.

Supérieure, inaccessible aux sentiments religieux, je n'offre aucune prise à leurs attaques ; ils expirent impuissants contre mon cœur, comme la vague de la mer au pied d'une falaise de granit. J'apporte donc dans les temples une entière liberté d'esprit, qui me permet de me rendre compte de mes sensations, ce que s'interdisent les personnes absorbées dans de pieuses méditations, et qui considéreraient comme une faute grave de s'en distraire pour examiner ce qui se passe autour d'elles. Là, j'examine, j'observe, j'approuve ou je critique, là comme partout.

Je dois l'avouer, toujours j'éprouve du charme à errer autour de ces piliers s'élevant gracieusement, on pourrait le croire, jusqu'au ciel pour le soutenir, et qui paraissent le supporter sans fatigue, sans efforts ; je me plais à suivre attentivement les ondulations de la lumière glissant entre eux furtivement, à la dérobée, comme entre les arbres imposants d'une antique forêt ; j'écoute avec ravissement les échos dont je suis enveloppée, échos se répétant à l'envi de tous les points de l'édifice pour me faire croire à un concert d'êtres invisibles ; et l'illusion devient complète lorsqu'à ces voix mystérieuses se marient les accords de l'orgue sévèrement harmonieux, sévèrement magique. Je me sens peu à peu pénétrée malgré moi de sensations vagues, douces, mélancoliques; mes idées grandissent, se perdent dans un espace sans limite; je m'absorbe dans une délicieuse rêverie. J'y reste jusqu'au moment où le bruit de la recette du loyer des chaises, le son de la hallebarde, avant-garde de la bourse mendiante de l'aumône des fidèles, jusqu'au moment où ces mouvements mercantiles ramènent mes pensées à la terre, dissipent comme par enchantement mes illusions, en me démontrant que je suis tout simplement dans une maison de commerce où, depuis la naissance jusqu'à la mort, tout se paie et se marchande. Et je m'éloigne précipitamment avec le regret d'impressions si maladroitement dissipées.

Je n'ai pas à en regretter dans les temples nouveaux; ils ne me font pas oublier la terre. Quel rapport peut avoir avec la demeure d'un être remplissant, dit-on, tout l'espace, une construction qui m'écrase de la pesanteur de ses plafonds? Et mon premier mouvement n'est-il pas de reculer en apercevant de mondains détails qui me font douter si je rêve ou si je ne me suis pas trompée, si je ne suis pas entrée par mégarde dans un coquet boudoir d'Aspasie? Je regarde autour de moi, et je doute encore ; personne ne paraît là disposé à écouter, à suivre les préceptes d'une religion austère : je m'éloigne donc.

Dans d'autres édifices, je ne songe plus, il est vrai, à cette Aspasie, mais à qui? Aux dieux ses contemporains.

Quelle maladresse! Ne comprend-on pas que reporter nos souvenirs au règne de divinités depuis long-temps abandonnées, perdues, c'est rappeler que l'homme sait détrôner les dieux comme les rois?

Serait-ce un avertissement? Serait-ce une menace? Ni l'un, ni l'autre. Les auteurs de ces constructions s'occupent fort peu, sans doute, de leur religion, mais ils n'ont pas l'intention de l'attaquer. Pourtant, ils auront contribué à en accélérer la ruine.

On ne peut donc trop le répéter, les modernes ne comprennent pas l'importance des arts; ils ne se doutent nullement de l influence qu'ils peuvent exercer sur les mœurs des peuples, ni par conséquent du véritable rôle qu'on doit leur assigner dans les institutions publiques. Mais ce sujet est assez intéressant pour mériter de servir de texte à l'une de mes conférences : j'y reviendrai plus tard.

www.ingramcontent.com/pod-product-compliance
Lightning Source LLC
LaVergne TN
LVHW012022160826
845678LV00002B/967